Natural Horsemanship gekonnt anwenden

Wie Sie die Körpersprache der Pferde richtig lesen und mit einfühlsamer Bodenarbeit eine tiefe Bindung zu Ihrem Pferd aufbauen

Annika Pütz

INHALT

Vorwort

Aufgerissene Mäuler, schlagende Schweife, weiße Augen – Pferde, die vor lauter Schmerzen und Angst gar nicht mehr wissen, wohin mit sich. Wunde Stellen von zu starkem Druck der Sporen und zu enge Boxen. Es sind Szenen, die leider jeder Reiter schon einmal gesehen hat. Dabei ist es nicht schwer, zu erkennen, dass man hier nicht mehr von einer freiwilligen und vertrauensvollen Mitarbeit des Pferdes sprechen kann.

Bei 70 kg Mensch gegen 700 kg Fluchttier müsste von Anfang an klar sein, wer diesen Kampf gewinnt. Nicht jedoch, wenn der Mensch dieses majestätische Tier unter sich einsperrt und so lange schmerzvoll auf es einwirkt, bis es nicht mehr anders kann, als nachzugeben, sich seinem Schicksal hinzugeben und vermeintlich atemberaubend schön all das zu tun, was von ihm verlangt wird, nur, um diesem Leiden zu entrinnen und es schnellstmöglich zu beenden.

Doch wie viel hat das noch mit Tierliebe und artgerechtem Umgang zu tun? Was wäre, wenn es einen Weg gäbe, all die Ästhetik, welche diese Tiere mit sich bringen, auch ohne Zwang hervorzuheben? Wenn aus dem Kampf ein Spiel werden würde?

Ein Spiel auf Basis gegenseitigen Vertrauens und Achtung. Wenn Ihr Pferd sich Ihnen freiwillig anschließt und mit wachem Blick auf Sie achtet? Sie als gerechtes Leittier akzeptiert und mit einem zufriedenen Blick aus dem Training geht? All das ist mit Natural Horsemanship möglich. Ganz egal, ob Sie die Bindung zu Ihrem Pferd stärken oder ganz neu in das Thema eintauchen möchten, in diesem Ratgeber erfahren Sie alle theoretischen Grundlagen sowie Tipps und Übungen, welche Sie direkt in die Praxis umsetzen können.

Grundprinzip

Natural Horsemanship ist nicht nur ein Training, sondern eine Lebenseinstellung. Es basiert auf Kommunikation, Respekt, Vertrauen und vor allem auf dem artgerechten Umgang mit Pferden. Dies bezieht auch Haltung und Fütterung ein. Da Pferde Herden- und Lauftiere sind, ist die großflächige Haltung mit Artgenossen unabdinglich.

Vielmehr ist Natural Horsemanship zu dem ein Lernen für den Besitzer, nicht für das Pferd. Sie müssen lernen, die Sprache Ihres Pferdes zu verstehen und in dieser auch zu kommunizieren. Wir Menschen haben im Lauf der Zeit verlernt, uns auf unsere Körpersprache zu verlassen. Wir drücken unser Befinden zwar unterbewusst immer noch aus, jedoch achtet heutzutage kaum noch jemand auf die wahre Bedeutung.

Wir schenken Worten und Mimik viel mehr Bedeutung als dem, was unser Körper spricht. Wie Joe Navarro in seinem Buch „Menschen lesen" jedoch eindrücklich erklärt, ist die Mimik jener Teil unserer Körpersprache, welcher am stärksten lügt. Unser wahres Befinden drücken vielmehr unsere Haltung und Extremitäten aus. Die Muttersprache der Pferde ist nach wie vor die Körpersprache. Sie lesen unsere Haltung, Gestik und Ausstrahlung und antworten dementsprechend auch nur auf diese.

Wenn Sie Ihrem Pferd körpersprachlich etwas anderes vermitteln, als Sie eigentlich meinen, reagiert Ihr Pferd auf Ihre Körpersprache, nicht auf Ihren ursprünglichen Gedanken. Wenn Sie Ihr Pferd für dieses, aus seiner Sicht richtige, Verhalten korrigieren oder bestrafen, rüttelt dies am Vertrauen Ihres Pferdes. Das Ziel ist es, dass Ihr Pferd Sie als Herdenchef akzeptiert, sich Ihnen unterordnet, Ihre Grenzen respektiert und Ihnen vertraut. Dafür müssen Sie Ihre Position erkennbar machen und Ihr Pferd fair zurechtweisen, falls es testet, wie ernst Sie es meinen.

Wenn das Pferd sich Ihrer Zurechtweisung unterordnet oder etwas richtig gemacht hat, loben Sie es. Damit Ihr Pferd Ihnen Vertrauen schenkt, müssen Sie ihm immer wieder beweisen, dass Sie vertrauenswürdig sind. Wenn Sie Ihrem Pferd Sicherheit vermitteln, muss die Situation auch sicher sein. Ein Vertrauensmissbrauch in solchen Situationen kann schwere Folgen nach sich ziehen. Seien Sie sich darüber bewusst, dass Ihr Pferd weiß, wann etwas gerechtfertigt ist. Es verübelt es Ihnen nicht, wenn Sie es in gerechtfertigtem Maße korrigieren. Ein guter Chef ist immer fair und trotzdem konsequent.

Voraussetzungen

Ganz grundsätzlich benötigt man nur ein Pferd und einen Menschen. Zur besseren Kommunikation hilft ein Knotenhalfter mit langem Bodenarbeitsseil und eventuell eine Gerte. Das Wichtigste jedoch ist die Geduld.

Es sind und bleiben Pferde. So wie jeder Mensch einen eigenen Charakter hat, so tickt auch jedes Pferd eigen. Vor allem bei Pferden, welche viel hinterfragen und testen, wie ernst man etwas wirklich meint, ist ein langer Atem gefragt. Wer hier die Nerven verliert, verliert auch jegliche Verbindung zu seinem Pferd. Der Mensch steht immer in der Pflicht, sein eigenes Verhalten zu hinterfragen.

Oft sind wir es, die unwissentlich falsch Signale senden, auf welche das Pferd reagiert. Denn wie bereits erwähnt, müssen wir die Sprache der Pferde erlernen. Kontrollieren Sie sich stetig selbst, indem Sie sich beispielsweise filmen lassen oder eine zweite Person mit geschultem Auge um ihre Meinung bitten.

Körpersprache des Menschen

Stellen Sie sich bitte einmal den Chef einer erfolgreichen Firma vor. Mit vorsichtigem Gang, hängenden Schultern und einem zu Boden gerichtetem Blick schleicht er durch die Gänge seiner Bürogebäude. Nun stellen Sie sich einen zweiten Chef vor.

Dieser stolziert mit aufgerichteten Schultern und sicherem Gang an Ihnen vorbei und begrüßt Sie mit wach nach vorn gerichtetem Blick. Sie werden den zweiten Mann, unabhängig von seiner tatsächlichen

Kompetenz, als autoritärer und sicherer wahrnehmen. Seine An- und Zuweisungen werden Sie klarer akzeptieren, da Sie instinktiv wissen, dass dieser Chef einen treuen und fleißigen Mitarbeiter voraussetzt und weiß, was er tut.

Genau diese Ausstrahlung müssen Sie grundlegend Ihrem Pferd entgegenbringen. Sie setzen voraus, dass man Ihnen mit Respekt begegnet und führen Ihr Pferd sicher durch alle Situationen. Sie strahlen vom Betreten bis zum Verlassen des Stalles eine klare, sichere Führungsposition aus. Das Pferd wird anhand Ihrer Haltung und Ihres Gangs sofort erkennen, dass Sie es ernst meinen und Ihnen mit mehr Respekt begegnet.

DIE EINLADENDE KÖRPERHALTUNG

Bei sehr ängstlichen oder unsicheren Pferden ist eine generell etwas devotere und einladende Körperhaltung zu empfehlen. Vermitteln Sie Ihrem Pferd stets Sicherheit. Sie sind nicht die Gefahr, sondern der Zufluchtsort für gefährliche Situationen. Eine zu selbstbewusste Grundhaltung kann diese Pferde nur noch mehr verunsichern und dafür sorgen, dass sie sich Ihnen noch schlechter anschließen. Erst, wenn sich das Pferd sicher ist, dass Sie ihm nicht schaden werden, wird es anfangen, Ihnen mehr Vertrauen zu schenken.

Wenn Ihr Pferd sich vor etwas fürchtet oder unsicher ist, können Sie es bitten, zu Ihnen zu kommen und sich Ihnen anzuschließen. Hierfür benötigen Sie eine sanfte, vertrauensvolle statt autoritäre Körperhaltung. Senken Sie Ihre Schultern leicht und drehen Sie sich von Ihrem Pferd weg. Halten Sie Ihr Pferd jedoch, aus Sicherheitsgründen, aus dem Augenwinkel im Blick.

Falls Ihr Pferd immer noch unsicher ist, können Sie ihm als einladende Geste sanft eine Hand entgegenstrecken, ohne sich mit dem Oberkörper zu ihm zu drehen. Bei sehr ängstlichsten Pferden kann es hilfreich sein, in die Hocke zu gehen, um zu signalisieren, dass von Ihnen oder dem Objekt der Angst absolut keine Gefahr ausgeht. Sprechen Sie mit sanfter und ruhiger Stimme, um das Tier nicht unnötig zu verunsichern.

DIE EINSCHÜCHTERNDE KÖRPERHALTUNG

Ganz im Gegensatz zu ängstlichen Pferden ist bei sehr selbstbewussten oder gar aufmüpfigen Pferden ein besonders autoritäres Auftreten erforderlich. Oftmals brauchen diese Pferde auch etwas länger, um eine Grenze klar zu respektieren oder hinterfragen von Zeit zu Zeit, ob die einst aufgestellten Regeln noch gültig sind. Wenn Sie ein Pferd klar zurückweisen oder Ihren eigenen Raum einfordern wollen, müssen Sie sich groß präsentieren. Richten Sie sich auf, ziehen Sie Ihre Schultern zurück, werden Sie deutlich in Ihren Gesten und Ihren Stimmsignalen. Wenn Ihr Pferd Ihrer Aufforderung immer noch nicht nachgeht, können Sie auch ein paar Schritte frontal auf das Tier zugehen, um Ihrem Auftreten Nachdruck zu verleihen.

Körpersprache der Pferde

AUGEN

„Die Augen sind die Fenster zur Seele", heißt es in unzähligen Kitschromanen und Kalendersprüchen, doch ganz unwahr ist dieser Satz nicht. Wer einem Pferd einmal tief in die Augen geschaut hat, weiß, dass sich dahinter eine Pferdeseele verbirgt. Genau wie der Mensch kann ein Pferd Trauer, Wut, Freude und Angst verspüren. Blickt man seinem Tier tief in die Augen, hört man es oft förmlich denken. Da das Pferd weniger Farbrezeptoren, genannt Zäpfchen, als der Mensch besitzt, nehmen sie ihre Umgebung weniger farbintensiv wahr als wir. Die Farben Gelb und Blau erkennen Pferde am

11

besten, weshalb das Trainingsprinzip der Dualaktivierung auch mit diesen Farben ausgeübt wird. Die restlichen Farben sehen sie zum Großteil in schwarz-weiß. Zudem sehen sie nur im Bereich von 60 – 90° aktiv dreidimensional.

Den restlichen Bereich ihres 180° Rundumblicks erkennen sie zweidimensional. Dieser wird dann vom Gehirn anhand erlernter Muster dreidimensional rekonstruiert. Der Blick durch ein Pferdeauge lässt sich mit einem „Fish-Eye-Objektiv" vergleichen, welches seinen Schwerpunkt auf den Boden richtet, um hier Gefahren besser zu erkennen. In der Natur hilft dieser Blick dem Pferd, rechtzeitig vor Fressfeinden zu flüchten. Unter dem Sattel können besonders nervöse (guckige) Pferde Ihrem Reiter jedoch den letzten Nerv rauben, da sie hinter jedem wackelnden Ast oder jeder bunten Farbe eine vermeintliche Gefahr erkennen.

Hier gilt es, Ruhe zu bewahren, sich nicht von der Panik des Pferdes anstecken zu lassen und weiterzureiten. Blickt Ihr Pferd bei der Arbeit mit einem wachen Blick zu Ihnen, ist dies ein sehr positives Zeichen. Es achtet aktiv auf Sie und Ihr nächstes Kommando. Es kooperiert beim Training und akzeptiert Sie als Chef. Gerät Ihr Pferd in eine unangenehme Situation oder hat Panik, werden Sie beobachten können, dass es seine Augen weit aufreißt, bis die weiße Lederhaut erkennbar ist.

Es wird hektisch um sich blicken, um den schnellstmöglichen Fluchtweg zu erkennen. Hat es ein gruseliges Objekt entdeckt und nicht sofort die Flucht ergriffen, ist es möglich, dass es dieses mit schräg geneigtem Kopf und unter Schnauben begutachtet. Diese Schieflage des Kopfes lässt sich mit dem oben beschriebenen Sehvermögen des Pferdes erklären. Es versucht aus Neugierde heraus, das Objekt besonders scharf, genau und dreidimensional zu erkennen. Loben Sie die Neugierde Ihres Pferdes stets. Ein neugieriges Pferd ist immer ungefährlicher und besser zu kontrollieren als ein Pferd, welches sofort auf dem Absatz kehrtmacht und panisch davonrennt.

OHREN

Wer einmal einen Fotografen oder Besitzer beobachtet, wie er versuchte, ein Foto von seinem Tier zu machen, wird vermutlich auch beobachten können, wie dieser sich hüpfend und rufend zum Clown macht, nur um die Ohren des Pferdes nach vorn zu bekommen. „Das sieht doch so süß aus". Ja, hübsch sieht es aus, doch was bedeutet diese Geste überhaupt? An den Ohren eines Pferdes kann man den Gemütszustand oft sehr gut und schnell erkennen. Richtet das Pferd die Ohren spitz nach vorn, so ist es interessiert, aufmerksam oder freudig gestimmt. Zum Beispiel, wenn ein Springpferd konzentriert den nächsten Sprung anvisiert, es einem befreundeten Pferd begegnet oder der Kraftfuttereimer nach dem Training raschelt. Tritt plötzlich ein unbekanntes Geräusch auf, so schnellen als Erstes die Ohren in dessen Richtung. Ist ein Geräusch nicht direkt lokalisierbar, suchen die Ohren hektisch in allen Richtungen danach.

Um in der Natur Gefahren besser erkennen zu können, können Pferde ihre Ohren um 180° und unabhängig voneinander drehen. Zudem nehmen sie Frequenzen bis zu ca. 33.500 Hertz auf, also 13.500 Hertz mehr als der Mensch. Dieses feine und schnell reagierende Gehör hilft dabei, den Feind rechtzeitig zu erkennen und retten unter Umständen Leben. Dementsprechend muss der Fotograf sich ziemlich ins Zeug legen, um interessant genug zu sein, damit das Tier die Ohren nach vorn richtet.

Lässt das Pferd die Ohren jedoch zur Seite hängen, so bedeutet dies genau das Gegenteil. Jetzt ist Ihr Pferd entspannt, gelangweilt, döst vor sich hin oder hat eventuell sogar Schmerzen. Steht es nur da und entlastet vielleicht noch ein Bein, so ist es entspannt oder gelangweilt. Wenn zudem der Kopf tief hängt, die Augen etwas schwer sind, die Unterlippe vom Maul baumelt, ist es sehr wahrscheinlich, dass Ihr Pferd gerade ein Mittagsschläfchen hält.

Steht es jedoch über längeren Zeitraum apathisch in einer Ecke oder abseits der Herde, wirkt antriebslos und nicht ganz fit, ist davon auszugehen, dass irgendetwas das Wohlbefinden Ihres Pferdes erheblich stört. Sind keine äußeren Verletzungen vorhanden, kann ein Problem mit dem Magen oder anderen Organen die Ursache sein. Wenn dieser Zustand über einen längeren Zeitraum anhält, konsultieren Sie bitte Ihre/n Tierärztin/-arzt. Falls keine physischen Ursachen erkennbar sind, kann auch ein psychisches Leiden verantwortlich sein. Pferde können genau wie Menschen trauern oder mit einem anhaltenden Zustand so unzufrieden sein, dass dies sich auf deren Befinden ausschlägt. Hat sich etwas in der Konstellation der Herde verändert? Hat zum Beispiel ein Pferd die Herde verlassen oder wurde ein neues Pferd in die Herde integriert? Haben Sie das Futter gewechselt oder sonst etwas an Ihrer Routine geändert? Hinterfragen Sie alle Möglichkeiten, um Ihrem Pferd schnellstmöglich Besserung zu verschaffen.

Dreht Ihr Pferd die Ohren weit nach hinten oder legt sie sogar dicht an den Nacken, ist Vorsicht geboten. Umso tiefer die Ohren liegen, desto stärker ist die Drohung. Da dies ein Warnsignal ist, folgt auf angelegte Ohren in den meisten Fällen ein Biss oder Tritt des Pferdes. Hierbei gilt es, zu unterscheiden, wann es für uns ein hilfreiches Warnsignal und wann ein zu korrigierendes Verhalten ist. Reagiert Ihr Pferd in Situationen mit angelegten Ohren, in denen es früher ruhig geblieben ist, sollten Sie diesem Verhalten auf den Grund gehen. Droht Ihr Pferd Ihnen, sobald es seinen Sattel sieht oder schnappt beim Nachgurten nach Ihnen, gilt hier „im Zweifel für den Angeklagten". Es zeigt Ihnen sehr deutlich, dass ihm die Situation *Sattel auf seinem Rücken* Unbehagen bereitet. Entweder passt der Sattel nicht richtig, liegt falsch, reibt an einer Stelle, der Sattelgurt klemmt Haut ein oder das Pferd weiß, dass ihm unter dem Sattel unangenehme Dinge passieren. Hier ist es Ihre Aufgabe für korrekten Sitz und Passform des Sattels zu sorgen.

Wenn der Sattel korrigiert wurde, wird Ihr Pferd in den ersten Situationen trotzdem dasselbe Verhaltensmuster zeigen. Reagieren Sie hier gelassen und zeigen Sie durch behutsames Streicheln an entsprechender Stelle, dass ihm nichts geschieht, bis es sich beruhigt hat. Legen Sie erst dann den Sattel auf oder gurten nach. Nehmen Sie sich die Zeit, dies so oft zu tun, bis Ihr Pferd keinerlei Anzeichen eines Unbehagens mehr zeigt.

Geht Ihr Pferd in anderen Situationen mit angelegten Ohren auf Sie zu, zum Beispiel auf der Koppel, in der Box oder bei der Bodenarbeit, so ist dieses Verhalten sehr respektlos und sofort zu korrigieren. Schicken Sie Ihr Pferd deutlich zurück und machen Sie ihm klar, dass Sie dieses Verhalten nicht dulden. Testet das Pferd im Training Grenzen und kommt mit Ignorieren Ihrer Hilfen nicht weiter, ist Angriff meist die der letzte Versuch, sich dem Training zu entziehen. Hier ist es enorm wichtig, dass Sie sich nicht von Ihrem Pferd einschüchtern lassen, sondern Ihre Position klar vertreten, bis es sich Ihnen unterwirft. Unter Umständen kann dieses Ausdiskutieren längere Zeit beanspruchen.

Jetzt kommt es darauf an, wer von Ihnen den längeren Atem hat. Geben Sie frühzeitig nach und lassen Ihr Pferd gewinnen, lernt es, dass Ihre Position anfechtbar ist und wird Sie über kurz oder lang dominieren. Halten Sie durch und Ihr Pferd gibt Ihnen nach, so loben Sie es. Bleiben Sie jedoch immer fair, ruhig und bestimmt. Auch, wenn Ihre Nerven bereits blank liegen, dürfen Sie dies Ihrem Pferd nicht zeigen. Ihr Tier merkt, welches Verhalten gerechtfertigt ist und welches nicht. Verlieren Sie die Geduld und handeln ungerecht, verliert Ihr Pferd das Vertrauen und die Motivation zur Mitarbeit mit Ihnen, da Sie es nicht mehr verhältnismäßig korrigieren. Denken Sie stets daran; ein guter Chef ist konsequent, aber gerecht. Nach einer gewissen Zeit lernt Ihr Pferd, dass es sich nicht lohnt, sich gegen Sie zu stellen, da es, egal, mit welchem Mittel, nicht gewinnt.

SCHWEIF

Der Schweif des Pferdes wird durch die Muskeln rund um die 15 – 21 restlichen Wirbel der Wirbelsäule bewegt. Diesen Trakt nennt man Schweifrübe, welche die gesamten Bewegungen des Schweifes steuert.

Ist das Pferd entspannt, hängt auch der Schweif ganz entspannt zu Boden oder baumelt bei Bewegungen von rechts nach links. Auch unter dem Sattel ist dies ein sichtbares Zeichen, dass sich das Pferd wohlfühlt. Schwingt der Schweif, zum Beispiel im Trab, mit dem Takt hin und her, so ist davon auszugehen, dass der Reiter seine Hilfen sanft genug einsetzt. Dem gegenüber steht ein Pferd, welches wild und aggressiv mit seinem Schweif um sich schlägt. Damit drückt es deutlich sein Unwohlsein sein aus. Oft geht diese Geste mit angelegten Ohren und einem verzogenen Gesicht einher. Dies passiert zum Beispiel, wenn der Reiter unsanft auf das Pferd einwirkt, es von einem höheren Herdentier davon gescheucht wird oder ihm eine Situation unangenehm ist. Steht der Schweif steil bergauf, schießt dem Pferd vermutlich gerade eine ganze Menge Adrenalin durch den Körper.

KÖRPERHALTUNG

Die Körperhaltung und Spannung des Pferdes sind der letzte Indikator, um das Befinden klar zu erkennen. Ein entspanntes Pferd ist auch in sich entspannt, durchlässig und locker. Fühlt sich Ihr Pferd jedoch unwohl oder unter Druck gesetzt, wird es spannig oder klemmig.

Vom Boden aus erkennen Sie, dass die Bewegung nicht mehr so flüssig ist, der Rücken und meistens auch der Hals angespannt sind. Unter dem Sattel werden Sie dieses Verhalten erfühlen können. Der Rücken ist nicht mehr durchlässig und alles wirkt steifer. Eventuell verwirft sich das Pferd im Zügel. Durch den angespannten Rücken verlieren auch die Schritte an Raumgriff und Schwung. Grundsätzlich fühlt es sich an, als würde das Pferd mit angezogener Handbremse laufen. Hat ein Pferd Panik, reißt es den Kopf hoch, drückt den Rücken durch, spannt alle Muskeln an und ist jeden Moment bereit zur Flucht. Es fühlt sich an, als würde man auf einer kurz vor der Explosion stehenden Bombe sitzen. Hierbei ist es wichtig, selbst ruhig zu bleiben, das Becken zu entspannen und nicht zu verkrampfen.

So vermittelt man dem Pferd Sicherheit und kann im Zweifelsfall einen Sprung zur Seite mit einer lockeren Hüfte leichter mitgehen. Verkrampfen Sie auf oder neben Ihrem Pferd auch, fühlt es sich in der Entdeckung einer Gefahr bestätigt und ergreift eher die Flucht. Bleiben Sie je doch ruhig und drücken aus, dass es keinen Grund zur Aufregung gibt, muss Ihr Pferd noch einmal überdenken, ob Flucht gerade wirklich die einzige Möglichkeit ist.

„Ich habe es verstanden."

In der täglichen Arbeit lernt Ihr Pferd immer wieder von und mit Ihnen. Es erlernt eine neue Aufgabe, versteht die Korrektur auf ein Fehlverhalten oder erkennt Lob. Immer, wenn das Gehirn des Pferdes länger mit einer Information beschäftigt ist, kommt es zu einem körperlichen Ausdruck, sobald es diese verarbeitet hat.

Ein tiefes Ausatmen, Kauen, Schlecken oder Gähnen signalisieren, dass Ihr Pferd verinnerlicht hat, was Sie ihm mitgeteilt haben. Manchmal braucht es einen

Moment Zeit, bis das Pferd über die Situation nachgedacht und verstanden hat. Geben Sie Ihrem Tier die Zeit, denn sie ist enorm wichtig für den Lernprozess.

So wie auch wir Menschen nach einem anstrengenden Arbeitstag konzentrationslos und müde sind und unser Kopf „voll" ist, so kommen auch Pferde an diesen Punkt. Dies signalisieren Sie mit häufigem Gähnen, unkonzentriertem Verhalten, weniger Kooperation oder unangebrachten Faxen. Einige Pferde beginnen zum Beispiel damit, Gegenstände ins Maul zu nehmen oder auf diesen zu kauen. Bemerken Sie dieses Verhalten, ist es langsam, aber sicher Zeit, dem Training ein Ende zu setzen.

Vollenden Sie Ihre begonnene Übung und beenden Sie das Training dann für den heutigen Tag. Mit müden und konzentrationslosen Pferden ist das Training sehr kräftezehrend und in den seltensten Fällen erfolgreich. Führen Sie die Übung lieber zu einem späteren Zeitpunkt noch einmal durch und erzielen damit größere Erfolge.

Join up

Wenn Sie einmal eine Herde in freier Wildbahn beobachtet haben, werden Sie feststellen, dass der Herdenchef seine Pferde immer wieder von sich und der Herde wegschickt. Da Pferde Herdentiere sind, suchen sie von sich aus Anschluss. Nach einer gewissen Zeit lädt das Leittier sein verstoßenes Mitglied wieder ein, sich seiner Herde anzuschließen.

So behält das Leittier auf natürliche Art und Weise seine Position, da er derjenige ist, welcher bestimmt, ob ein Tier sich ihm anschließen darf oder nicht. Dieses Prinzip hat sich der Mensch vor allem beim Anreiten von Wildpferden zunutze gemacht. Das Pferd wird im

Round-Pen immer wieder losgeschickt. Wenn das Pferd signalisiert, dass es sich anschließen möchte, bietet der Ausbilder dies an. Geht das Pferd dem Angebot nicht nach, wird es erneut weggeschickt. Hier ist unter Umständen sehr viel Geduld gefragt. Pferde, die dem Menschen nur schwer vertrauen oder generell charakterlich eher Einzelgänger sind, testen sehr langatmig, ob der Anschluss wirklich notwendig ist. Das Pferd soll lernen, dass es anstrengend ist, sich Ihnen nicht anzuschließen. Sobald es sich Ihnen unterworfen hat, darf es entspannen. Es liegt also in der Hand des Pferdes, wie lange es von Ihnen weggeschickt wird.

Sie führen Ihr Pferd in das Round-Pen und lösen Strick und Halfter. Schicken Sie es nun in einer höheren Gangart fleißig von sich weg. Je nachdem, wie triebig Ihr Pferd ist oder wie deutlich es auf Ihre vorwärtstreibenden Hilfen reagiert, nehmen Sie sich eine Longier-Peitsche zur Hilfe. Laufen Sie in der Mitte des Round-Pens in einem kleinen Kreis mit, sodass sich Ihre Schulter immer auf Schulterhöhe des Pferdes befindet. Falls Ihr Pferd von sich aus das Tempo verringert, schicken Sie es erneut los.

Sobald es dieser Aufforderung nachkommt, hören Sie auf zu treiben. Stehen Sie aufrecht und bestimmend, da Sie die-/derjenige sind welche/r die Situation bestimmt. Beobachten Sie Gang, Atmung, Ohren, Augen und Nüstern Ihres Pferdes.

Wenn es beginnt, sich etwas zu entspannen, tief ausatmet, abkaut, schnaubt, immer wieder zu Ihnen blickt oder das Ohr zu Ihnen wendet, ist ein guter Zeitpunkt, ihm das Anschließen anzubieten. Entspannen Sie Ihre Schultern und drehen Sie sich nach innen ein. Dadurch nehmen Sie den aufgebauten Druck weg und laden Ihr Pferd ein, sich Ihnen anzuschließen. Bleiben Sie stehen und warten Sie, bis Ihr Pferd zu Ihnen gekommen ist. Falls es dies getan hat, drehen Sie sich zu Ihrem Pferd und loben es kräftig und streicheln es. Bleibt Ihr Pferd nur stehen und tritt nicht zu Ihnen, lösen Sie die Einladung und schicken es erneut los. Wiederholen Sie dies so lange, bis Ihr Pferd sich Ihnen anschließt.

Wie der Mensch besitzen auch Pferde eine rechte und eine linke Gehirnhälfte. Jedoch nehmen Pferde mit ihren Augen unterschiedliche Bilder auf. Für das Erkennen von Gefahren ist überwiegend das linke Auge zuständig, wohingegen Fluchtwege über das rechte Auge wahrgenommen werden. Zudem arbeiten beide Gehirnhälften 8-mal schlechter zusammen als die des Menschen. Hieraus halt sich die Trainingsmethode der Dualaktivierung entwickelt, um die Verknüpfung der

Gehirnhälften zu verbessern. Für das Training mit Ihrem Pferd bedeutet dies, dass Sie mit Ihrem Pferd vor allem neue Übungen immer in beide Richtungen trainieren müssen. Dies gilt auch für das Join up. Hat Ihr Pferd sich Ihnen angeschlossen, schicken Sie es auf der anderen Hand erneut los und wiederholen die Übung, bis es sich auch hier anschließt.

Ist dies geschehen, ist es ratsam den Anschluss direkt zu überprüfen und abzufragen. Gehen Sie nach dem Loben ohne weitere Aufforderung oder Hilfsmittel ein paar Schritte durch das Round-Pen. Ihr Pferd sollte Ihnen dabei aufmerksam folgen und Sie nicht überholen. Biegen Sie hierbei ab, bauen Schritt-Halt-Übergänge ein oder gehen Sie ein paar Schritte rückwärts. Nimmt Ihr Pferd dies an, ist das Training erfolgreich beendet. Ein Join up können Sie unabhängig von Ihrem Trainingsstand einbauen. Wenn Sie das Gefühl haben, Ihr Pferd achtet weniger gut auf Sie oder Sie sichergehen möchten, dass die Rangordnung noch bestehend ist, so ist ein Join up eine wunderbare Übung hierfür.

7 Spiele nach Pat Parelli

Der Amerikaner Pat Parelli hat 1981 mit seinem Ausbildungskonzept „Parelli Natural Horsemanship", PNH, die Szene nachhaltig geprägt. Bis heute stützen sich viele Trainer auf sein Konzept. Im Folgenden werden Parellis 7 Spiele grundlegend erklärt. Für einen tieferen Einblick in dieses Konzept empfehlen wir Parellis Bücher.

Mit seinen Spielen soll auf charmante Art und Weise Vertrauen und Respekt zwischen Tier und Menschen hergestellt werden. Sie sind individuell anwendbar, sollen aber im Kern immer dasselbe Trainingsziel erreichen.

„THE FRIENDLY GAME"

Hierbei geht es darum, dass das Pferd ruhig stehen bleibt, egal, was um es herum passiert. Es soll lernen, alle Berührungen, Geräusche oder Situationen, welche normalerweise zu seinem Fluchtreflex führen würden, gelassen zu tolerieren, da es darauf vertraut, dass ihm in Ihrer Nähe nichts passiert. Wichtig ist hierbei, dass Ihre Bewegung immer denselben Rhythmus hat. Ein gleichbleibender Rhythmus vermittelt Sicherheit. In freier Wildbahn treten gefährliche Situation plötzlich, unvorhersehbar und unregelmäßig auf. Ein Raubtier schleicht sich erst vorsichtig an, bis es zum finalen Sprint ansetzt. Wenn Sie den Reiz, z. B. in Form eines Seiles, welches über den Pferderücken schwingt, immer im selben Takt ausführen, egal, wie das Pferd reagiert, so vermitteln Sie Sicherheit und keine Gefahr.

Beginnen Sie damit, Ihr Pferd an allen Körperstellen mit einem Seil zu berühren. Erst in streichelnden Bewegungen und später in schwingenden. Wenn es hierbei ruhig und gelassen steht, loben Sie Ihr Pferd. Nun können Sie das Pferd mit Gegenständen wie der Gerte oder einer Plastikplane berühren. Fortgeschrittene können sich an einem geöffneten Regenschirm, lauter Musik oder Seilen um die Beine versuchen. Der

Kreativität sind keine Grenzen gesetzt. Achten Sie jedoch darauf, dass Ihnen und Ihrem Pferd nichts passieren kann, selbst, wenn es sich einmal erschrickt und panisch wird.

Wenn Ihr Pferd sehr ängstlich oder schreckhaft ist, geben Sie ihm die Zeit, die es braucht. Lassen Sie Ihrem Pferd den Raum, ein paar Schritte Abstand durch Rückwärtsgehen zu gewinnen und bestrafen Sie es hierfür nicht. Laden Sie das Pferd immer wieder vorsichtig ein, zu Ihnen zu kommen. Nehmen Sie das Objekt der Angst nahe an sich, um zu zeigen, dass Ihnen nichts passiert, wenn Sie den Gegenstand berühren.

Setzen Sie Ihr Pferd nicht unter Druck, denn es soll aus Vertrauen und Neugierde heraus zu Ihnen kommen. Hierbei sind unter Umständen viel Zeit und Geduld erforderlich. Steigern Sie den Reiz nur langsam und nicht zu voreilig. Ihr Pferd muss sich absolut sicher fühlen, um dem nächsten Impuls standzuhalten.

„THE PORCUPINE GAME"

Pferde leiden von Natur aus an einer Art Platzangst. In freier Wildbahn rettet der Trieb, sich von Druck wegzubewegen, im Zweifel Leben. Nun geht es darum, entgegen dem Instinkt dem Druck nachzugeben und nicht dagegenzuwirken. Da Ihr Pferd vor allem am Anfang leicht in Panik geraten kann, achten Sie immer auf seine und Ihre Sicherheit. Beginnen Sie mit dem kleinstmöglichen Druck.

Sobald das Pferd dem Druck nachgibt, lösen Sie diesen sofort. Das Tier soll lernen, Druck mit nachgeben zu beenden, nicht mit wehren. Falls Ihr Pferd nicht reagiert, steigern Sie den Druck in kleinen Schritten. Das Pferd muss die Chance bekommen zu erkennen, dass der Druck steigt, wenn es nicht nachgibt, um beim nächsten Mal früher zu reagieren. Auch, wenn Sie nach ein paar Übungseinheiten wissen, dass Ihr Pferd erst ab einem gewissen Druck reagiert, beginnen Sie immer wieder mit dem kleinstmöglichen Druck. Nur so kann eine Sensibilisierung stattfinden und Sie bieten Ihrem Pferd die Möglichkeit, feiner zu reagieren. Voraussetzung für alle folgenden Übungsbeispiele ist ein ruhiges und gelassenes Pferd.

Wenn Ihr Pferd schon vor dem Training nervös oder unruhig ist, kann zusätzlicher Druck die Kooperationsbereitschaft erheblich stören oder sogar zu Panik führen. Sie können damit beginnen, sich vor Ihr Pferd zu stellen und durch stetiges Ziehen am Strick Richtung Boden Druck aufzubauen. Sobald das Pferd dem Druck nachgibt und den Kopf ein Stück nach unten senkt, beenden Sie die Übung und loben Sie Ihr Pferd. Zu Beginn ist es irrelevant, wie weit das Pferd den Kopf senkt, Hauptsache, es geht Ihrer Aufforderung nach. Im späteren Training können Sie beginnen, nach dem ersten Nachgeben den Druck erneut sanft aufzubauen, bis der Pferdekopf auf der gewünschten Höhe ist. Erst dann loben Sie Ihr Pferd kräftig.

Eine zweite Möglichkeit besteht darin, sich auf Schulterhöhe des Pferdes zu stellen und mit 2 Fingern über den Nasenrücken zu greifen. Nun bauen Sie hier vorsichtig Druck auf, bis das Pferd dem Zug nachgeht und den Kopf auf Ihre Seite dreht. Entfernen Sie den Druck und loben Sie Ihr Pferd. Wichtig ist hierbei, dass Sie die Richtung durch den Zug zwar vorgeben, jedoch das Pferd aktiv nachgibt und sich nicht nur von Ihnen ziehen lässt. Diese Übung können Sie mit dem Kopf nach rechts und links sowie oben und unten durchführen.

Die dritte Variante dreht sich um das Bewegen der Vor- bzw. Hinterhand. Legen Sie die Fingerspitzen an die Seite der Kruppe oder Schulter und bauen Sie Druck auf. Sobald es sich bewegt, lösen Sie den Druck und loben Ihr Pferd. Wenn Ihr Pferd zu Beginn mit dem ganzen Körper weichen möchte, korrigieren Sie es immer wieder, indem Sie es immer wieder in seine

Ausgangsposition zurückschicken und beginnen Sie von Neuem. Hat Ihr Pferd die Aufgabe einmal verstanden, ist das nicht mehr notwendig.

„THE DRIVING GAME"

Als Grundlage für das 3. Spiel dient das Porcupine Game. Hierbei hat das Pferd gelernt, auf physischen Druck zu weichen. Nun möchten wir ihm beibringen, auch auf psychischen Druck zu weichen. Sie beginnen, einen Druck aufzubauen, ohne das Pferd dabei zu berühren. Sie fordern mental Ihren Raum ein, aus dem Ihr Pferd weichen muss.

Weicht das Pferd dem psychischen Druck nicht, folgt ein physischer Druck. Es liegt also am Pferd, schnell genug zu reagieren, um diesen physischen Druck zu vermeiden. Beginnen Sie auch hier jedes Mal von Neuem mit dem kleinstmöglichen Druck, um dem Pferd die Chance zu geben, sich zu sensibilisieren. Wenn Ihr Pferd das Prinzip verstanden hat, sollte im besten Fall ein scharfer Blick reichen, um die entsprechende Bewegung hervorzurufen.

Sie können damit beginnen, Ihr Pferd rückwärts zu schicken. Stellen Sie sich mit ca. 2 m Abstand frontal vor Ihr Pferd. Richten Sie sich auf und lehnen Sie sich nach vorn. Ziel ist, dass Ihr Pferd später bereits auf diese Gewichtsverlagerung reagiert. Wenn Ihr Pferd zwar nicht zurücktritt, aber sein Gewicht ebenfalls auf die Hinterhand verlagert, loben Sie es hierfür kräftig. Es ist Ihrer Bewegung gefolgt und hat exakt so intensiv reagiert, wie Sie Ihren Raum eingefordert haben. Gehen Sie dann gegebenenfalls einen Schritt auf Ihr Pferd zu, behalten Sie Ihre Spannung jedoch immer bei.

Falls Ihr Pferd noch keine Anstalten macht zu weichen, wackeln Sie vorsichtig am Stick des Pferdes, um ein unangenehmes Gefühl zu erzeugen. Nun steigern Sie die Intensität des Wackelns so lange, bis Ihr Pferd weicht. Sobald Ihr Pferd das erste Bein bewegt hat, entspannen Sie den Strick und loben Ihr Pferd. Dies wird trainiert, bis Ihr Pferd so viele Schritte rückwärts tritt, wie Sie auf es zugehen. Das Bewegen der Hinterhand gleicht einer Vorhandwendung. Wenn Ihr Pferd dies unter dem Sattel schon kennt, wird ihm Folgendes nicht schwerfallen: Eine Möglichkeit besteht darin, sich mit Blick auf die Kruppe neben Ihr Pferd zu stellen. Nun gehen Sie direkt auf diese zu.

Wenn Ihr Pferd zu Anfang mit auch mit der Vorderhand weichen möchte, können Sie über den Strick gezielte Paraden geben, um diesem entgegenzuwirken. Steigern Sie die Länge der Übung zu Beginn schrittweise, bis Sie eine 360° Wendung ohne Probleme schaffen.

Bei der zweiten Möglichkeit stellen Sie sich im rechten Winkel an Ihr Pferd und üben Druck auf die Hinterhand aus, bis dieses frontal vor Ihnen steht. So verlangen Sie nur eine 90° Wendung. Diese Übung können Sie auch wunderbar in Ihre Longenarbeit einbauen. Machen Sie beim Longieren einen gezielten Schritt auf die Hinterhand zu und fixieren Sie diese mit Ihrem Blick. Ihr Pferd sollte sich daraufhin mit dem Kopf zu Ihnen drehen. Diese Übung sowie Tempiwechsel oder rückwärts richten über die Longe helfen dabei, Aufmerksamkeit und Spaß bei der Longenarbeit zu erhalten.

„THE YO-YO GAME"

Ein Jo-Jo bewegt sich von einem festen Punkt aus immer wieder vor und zurück. Um dieses Prinzip geht es auch beim „Yo-Yo Game". Das Pferd soll sich auf einer geraden Linie immer wieder von seinem Menschen weg und wieder hin bewegen. Vor allem für sehr junge Pferde ist dies eine gute Übung, um ihr Gleichgewicht zu finden und sich zu stabilisieren. Auch nach Verletzungen oder im Muskelaufbau lernt das Pferd hierdurch, sein Gewicht gleichmäßig zu verteilen und seine Beine gleichermaßen zu belasten.

Für Pferde, welche stark zur Seite driften, kann es am Anfang hilfreich sein, diese Übung an der Hallenbande oder einer derartigen Begrenzung durchzuführen. Hierdurch wird eine Körperhälfte begrenzt und das Tier muss sich überwiegend nur auf die andere Seite konzentrieren. Im späteren Verlauf sollte das Training dann im offenen Raum ohne Begrenzung durchgeführt werden. Stellen Sie sich frontal vor Ihr Pferd und beginnen Sie, es durch Bewegungen am Strick rückwärts zu schicken. Hierbei gibt es vier Phasen der Intensität.

1. Phase – Finger: Die Bewegung entsteht nur durch das Bewegen der Finger, als würden Sie das Wort „Nein" mit der entsprechenden Geste verstärken wollen.
2. Phase – Handgelenk: Hierbei bewegen Sie den Strick aus dem Handgelenk heraus.
3. Phase – Ellenbogen: Der Strick wird aus dem Ellenbogen heraus bewegt.
4. Phase – Schulter: Als letzte Möglichkeit wird der Strick kräftig aus der Schulter heraus bewegt.

Beginnen Sie bei jedem Intervall immer wieder mit Phase eins. So hat Ihr Pferd die Chance, beim nächsten Mal früher zu reagieren. Sobald das Pferd nach hinten weicht, stoppen Sie Ihre Bewegung und loben Sie es. Dieses wiederholen Sie so lange, bis Ihr Pferd am Ende des Strickes angekommen ist. Wenn es zwischenzeitlich zur Seite ausbricht, korrigieren Sie es mit einer Gerte sanft, um es wieder gerade zu stellen. Um Ihr Pferd wieder zu sich zu holen, üben Sie einen sanften Zug in Ihre Richtung am Strick aus.

Hat Ihr Pferd einen Schritt in Ihre Richtung gemacht, so entspannen Sie den Strick und loben es. Wenn Ihr Pferd wieder vollständig bei Ihnen angekommen ist, loben Sie es kräftig und streicheln Sie es am Kopf. Dieses Intervall kann beliebig oft wiederholt werden.

„THE CIRCLING GAME"

Normales Longieren fördert zwar die physischen Komponenten eines Pferdes, jedoch oftmals nicht die psychischen. Beim Circling Game soll das Pferd zum Denken und zur Übernahme von Eigenverantwortung angeregt werden. Das Pferd bekommt die Aufgabe, sich in einer bestimmten Gangart in eine bestimmte

Richtung zu bewegen, bis eine neue Aufforderung kommt. Das Pferd wird in Ruhe gelassen, solange es die Aufgabe korrekt ausführt. Wenn es vorzeitig etwas anderes tut, wird es ihm *unbequem* gemacht. So liegt es in seiner Hand, entspannt gehorsam zu sein oder unbequem ungehorsam zu sein.

Sie schicken Ihr Pferd los, indem Sie mit Ihrer Hand, welche den Strick hält, in die zu laufende Richtung zeigen. Mit einem Stimmsignal fordern Sie das Arbeitstempo. Reagiert Ihr Pferd nicht oder nicht schnell genug, versetzen Sie Ihrer Aufforderung mithilfe der Longier-Peitsche Nachdruck. Wichtig ist hierbei jedoch das Timing. Das Pferd muss die Chance haben, auf Ihren ersten Impuls überhaupt reagieren zu können. Erst, wenn es diesem Impuls willentlich nicht nachgeht, darf die Longier-Peitsche oder ein stärkerer Impuls folgen. Bis Ihr Pferd in gewünschtem Tempo in gewünschte Richtung läuft, behalten Sie Ihre Spannung bei. Sobald Ihr Pferd ordnungsgemäß läuft, entspannen Sie sich.

Da es seine Aufgabe selbstständig und korrekt ausführt, wird es von Ihrem Druck verschont. Wenn es ungefähr 2 Runden lang seine Aufgabe erfüllt hat, können Sie davon ausgehen, dass Ihr Pferd die Aufgabe vollständig verstanden hat. Nun ist es Ihre Aufgabe, für einen neuen Impuls zu sorgen und Ihr Pferd mental zu fördern. Dies können Sie zum Beispiel mit einem Tempiwechsel auf derselben Hand tun. Bauen Sie Ihre innere Spannung auf und geben Sie Ihrem Pferd Ihr persönliches Stimmsignal, um in die neue gewünschte Gangart zu kommen. Hat Ihr Pferd dies getan, loben Sie es und entspannen Sie sich wieder. Wie im „Driving Game" erwähnt, können Sie sich das gelernte Weichen der Hinterhand bei der Longenarbeit zunutze machen. Voraussetzung hierfür ist selbstverständlich, dass Sie dies unabhängig von der Longenarbeit bereits mit Ihrem Pferd trainiert haben und es weiß, wie es auf Ihre Aufforderung reagieren soll.

Möchten Sie, dass Ihr Pferd zum Stehen kommt, so bauen Sie Ihre Spannung wieder auf, fixieren die Hinterhand mit Ihrem Blick und gehen gegebenenfalls einen Schritt auf diese zu. Nun sollte Ihr Pferd Ihnen gegenüber stehen. Loben Sie es kräftig und streicheln Sie es am Kopf. Jetzt können Sie mit einem Handzeichen Ihr Pferd in dieselbe Richtung erneut losschicken. Wenn Sie das Anhalten jedoch direkt mit einem Handwechsel verbinden wollen, so schicken Sie das Pferd nach dem Stehen einfach in die andere Richtung wieder los.

Im späteren Verlauf des Trainings kann dies so ausgebaut werden, dass ein Stehenbleiben während des Handwechsels nicht mehr erforderlich ist. Angenommen, Ihr Pferd läuft auf der rechten Hand, so halten Sie den Strick in der rechten und die Longier-Peitsche in der linken Hand. Beginnen Sie erneut damit, Ihre Spannung aufzubauen und wechseln Sie währenddessen Strick und Longier-Peitsche in den Händen. Nun halten Sie den Strick in der linken und die Longier-Peitsche in der rechten Hand. Überkreuzen Sie Ihre Hände, damit es zu keiner Verwirrung kommt.

Üben Sie nun Druck auf die Hinterhand aus. In dem Moment, indem Ihr Pferd sich frontal zu Ihnen dreht, drehen Sie Ihre linke Schulter nach innen und weisen dem Pferd mit der linken Hand die neue Richtung an. Direkt nach dem Richtungswechsel geben Sie Ihrem Pferd das Stimmsignal für das neue Tempo, welches nicht dasselbe sein muss. Kommt das Pferd dieser Aufforderung nicht nach, so verleihen Sie mit der Longier-Peitsche Nachdruck. Wenn Ihr Pferd auf der neuen Hand in gewünschtem Tempo läuft, loben Sie es kräftig und entspannen sich wieder.

"THE SIDEWAYS GAME"

Pat Parelli sagte einmal: "The better your horse goes backwards and sideways, the better he´ll do everything else". Zu Deutsch: "Je besser Ihr Pferd rückwärts und seitwärts geht, desto besser wir es auch alles andere tun". Seitengänge sind eine wunderbare Übung, um die Losgelassenheit und Rittigkeit des Pferdes zu trainieren. Je durchlässiger das Pferd ist, desto leichter fällt ihm seine Aufrichtung, Koordination und Ausführung der einzelnen Lektionen.

Ziel ist es, dass das Pferd gerade gestellt bleibt und dabei seine Vor- und Hinterbeine diagonal kreuzt. Wichtig ist, dass das Pferd nicht über die äußere Schulter ausbricht, sondern seine Last auf das innere Bein aufnimmt. Es sollte nicht hektisch, sondern kontrolliert einen Schritt nach dem anderen aufsetzten. Dies hilft dem Pferd zu lernen, gezielt Last auf einzelne Beine aufzunehmen und überzutreten. Seitengänge können sowohl nur seitwärts, zum Beispiel entlang der langen Hallenseite, als auch vorwärts-seitwärts, zum Beispiel von X zu M, ausgeführt werden. Hierbei folgt auf einen Schritt seitwärts immer ein Schritt vorwärts.

Zum Erlernen ist es sinnvoll, erst mit reinem Seitwärts richten zu beginnen. Hierfür können Sie eine

Begrenzung, zum Beispiel eine Hallenbande, zur Hilfe nehmen. So verhindern Sie, dass Ihr Pferd ungewollt nach vorn tritt. Stellen Sie sich mit dem Rücken zur Bande. Ihr Pferd sollte im 45° Winkel stehen, um das Übertreten zu erleichtern. Nehmen Sie die Longier-Peitsche an die innere Seite Ihres Pferdes. Geben Sie ein vorwärtstreibendes Stimmsignal und laufen Sie selbst seitwärts mit, indem Sie Ihre eigenen Beine kreuzen. Gegebenenfalls erheben Sie die Longier-Peitsche, um Ihr Pferd einem seitlichen Druck auszusetzen. Weicht Ihr Pferd diesem Druck, so entfernen Sie diesen und loben es. Ihr Pferd sollte immer parallel mit den diagonalen liegenden Hufen auftreten.

"THE SQUEEZE GAME"

Da Pferde Fluchttiere sind, leiden sie von Natur aus auch an Klaustrophobie. Beim Squeeze Game geht es darum, dass Pferd bewusst durch eine einengende Situation zu schicken und zu verlangen, dass es Ihnen vertraut, dort hindurchzugehen. Das hier Erlernte können Sie nutzen, um Ihr Pferd später allein auf den Hänger oder durch Engstellen zu schicken.

Beginnen Sie damit, sich in ca. 4 m Entfernung zu einer Hallenbande zu stellen. Schicken Sie Ihr Pferd nun an einem Bodenarbeitsseil zwischen Ihnen und der Bande hindurch. Wenn Ihr Pferd entspannt hindurchgeht, loben Sie es. Verringern Sie den Abstand zur Wand in kleinen Schritten, bis das Pferd nur noch knapp zwischen Ihnen und der Bande hindurchpasst. Verringern Sie den Abstand immer erst dann, wenn sich Ihr Pferd in der aktuellen Situation komplett entspannt hat. Traut Ihr Pferd sich nicht durch die Engstelle, bleiben Sie gelassen. Laden Sie es immer wieder ein, hindurchzugehen, loben Sie es, sobald es Interesse zeigt oder einen Schritt nach vorn macht.

Hat Ihr Pferd das Porcupine Game verstanden, können Sie dies auch hier anwenden. Bauen Sie am Halfter vorsichtig Druck in eine vorwärtsweisende Richtung auf. Zerren Sie nicht an ihm oder versetzen es in Panik, sondern fragen Sie sanft, ob das Pferd dem Druck nachgibt. Tut das Pferd dies, indem es den Kopf nach vorn streckt oder einen kleinen Schritt nach vorn tritt, lösen Sie den Druck und loben Sie Ihr Pferd.

Auch, wenn es zu Beginn nur sehr hastig und unkontrolliert durch die Engstelle läuft, es geht hindurch! Loben Sie es hierfür und üben Sie diesen Abstand so lange, bis Ihr Pferd absolut tiefenentspannt ist. Lässt sich das Pferd im Schritt durch jeden Abstand schicken, können Sie die Übung auch im Trab und Galopp durchführen. Um das Training interessant zu gestalten, können Sie auch in der Art der Engstelle wechseln. Schicken Sie Ihr Pferd zum Beispiel durch Hütchen, Fahnen, Tonnen oder sonstige Objekte.

Gesunderhaltung

Auch, wenn Natural Horsemanship nicht zur klassischen FN gehört, können wir trotzdem einige Lektionen umgewandelt für uns nutzen. Sie haben dafür Sorge zu tragen, dass Sie Ihr Pferd gesundheitserhaltend und -fördernd bewegen. Ihr Pferd sollte trotz allem Takt, Losgelassenheit, Anlehnung, Schwung,

Geraderichtung und Versammlung beherrschen. Ein Pferd, welches Sie zwar respektiert, aber sein ganzes Gewicht auf der Vorderhand trägt, über seine Schulter ausbricht, nicht unter seinen Schwerpunkt tritt und nicht über den Rücken läuft, wird früher oder später osteopathische Probleme entwickeln. Deshalb ist es unsere Aufgabe, auch hier für ein Pferde-gerechtes Training zu sorgen. In diesem Fall bedeutet dies, das Pferd seiner eigenen Gesundheit zuliebe aufzufordern, sich gesund zu bewegen. Lektionen aus der klassischen Dressurarbeit können auch ohne scharfe Gebisse und Sporen geritten werden und somit zum Muskelaufbau oder Gymnastizierung des Pferdes beitragen. Nicht das Ziel ist infrage zu stellen, sondern der Weg. Beschließen Sie jedoch, diesen Weg anders zu gehen, kann Ihr Pferd am Ende sogar Spaß an dieser durchaus anstrengenden Arbeit haben.

Zur Gesunderhaltung gehören auch regelmäßige ärztliche Behandlungen. Der Besuch eines qualifizierten Hufschmieds sowie der richtige Beschlag sind unabdinglich. Nicht jedes Pferd benötigt Eisen und nicht für jedes Pferd ist es angenehmer, barhuf zu laufen. Passen Sie Ihre Behandlung Ihrem individuellen Bedürfnis und Training an. Lassen Sie Ihr Pferd von Zeit zu Zeit auch von Ihrer/m Tierärztin/-arzt checken sowie osteopathisch behandeln. Vor allem nach dem Winter schleichen sich gern kleine Verspannungen oder Blockaden ein, welche durch regelmäßige Behandlungen im Keim erstickt werden können. All dies trägt neben dem richtigen Umgang zu einem rundum gesunden und fitten Pferd bei.

Hilfengebung

Die korrekte Hilfengebung gehört in der Arbeit mit Pferden zu den essenziellen Dingen. Nur, wer klar und deutlich ausdrückt, was er möchte, kann auch ein korrektes Ergebnis erwarten. Genau wie die Kommunikation mit anderen Menschen funktioniert diese nur, wenn unser Gegenüber versteht, was wir möchten.

Nur, weil man selbst weiß, wie man etwas gemeint hat, bedeutet dies nicht, dass unser Partner es genau so verstanden hat. Wir neigen oft dazu, unser Gegenüber dafür verantwortlich zu machen, wenn dieser etwas falsch auffasst. Ist es aber nicht viel mehr unsere Aufgabe, unsere Bedürfnisse oder Wünsche ganz unmissverständlich auszudrücken? Daher gilt auch bei der Arbeit mit Pferden der Grundsatz, sich als Erstes an die eigene Nase zu fassen. Habe ich das ausgedrückt, was ich verlange oder hat meine Körperhaltung nicht doch etwas anderes vermittelt als meine Geste mit der Hand? Wenn Sie mit Ihrem Pferd auf einem Plateau festhängen, dann lassen Sie sich filmen und kontrollieren Sie die Situation selbst aus einer außenstehenden Perspektive. Oft wird erst dann bewusst, welche Signale man unterbewusst wirklich sendet.

Ein weiterer wichtiger Punkt ist die Konsequenz. Vor allem bei Pferden, welche Ihre Grenzen oft testen, kann inkonsequentes Verhalten fatale Folgen haben. Drohen Sie Ihrem Pferd zwar eine Bestrafung an, führen diese aber nicht durch, lügen Sie Ihr Pferd an. So verliert es den Respekt und die Achtung vor Ihnen. Je öfter Sie nicht konsequent mit Ihrem Pferd arbeiten, desto deutlicher merkt es, dass Ihre Handlungen keine Bedeutung haben. Ihr Pferd wird testen wie weit es mit Ihnen gehen kann und welches Fehlverhalten Sie nicht korrigieren. Es weiß, dass ihm nichts geschieht, wenn es einmal über eine Grenze tritt. Entsprechend wird es Ihre Warnung nicht mehr ernst nehmen. Sind Sie einmal an einem Punkt angelangt, an dem Ihr Pferd keinen Respekt mehr vor Ihnen hat, so kann der Umgang unter Umständen sehr gefährlich werden. Warum sollte Ihr Pferd auch noch Acht auf Sie geben? Wenn es zur grünen Wiese möchte, läuft es dorthin, auch, wenn es Sie dabei wie einen nassen Sack hinter sich herzieht. Es passiert ihm schließlich nichts!

Beim Spazierengehen oder Führen durch den Stall, muss Ihr Pferd nicht auf Sie achten, sondern läuft hin, wo es möchte. Stehen Sie im Weg, machen Sie ihm schließlich Platz oder korrigieren es nicht, tritt es Ihnen einmal auf den Fuß. Möchten Sie anhalten, aber Ihr Pferd nicht, sieht es keinen Grund, dies zu tun. Sie reagieren schließlich nicht auf sein Ignorieren Ihres Signals.

So sieht man oftmals verzweifelte Besitzer, welche ratlos neben Ihrem Pferd stehen und sich fragen, wie es so weit überhaupt kommen konnte. Im täglichen Umgang ist dieses Verhaltensmuster zwar alles andere als schön, aber oftmals nicht lebensbedrohlich. Wirklich gefährlich wird es, wenn Ihr Pferd einmal in Panik gerät und Sie mit voller Wucht umrennt, tritt oder vor einer befahrenen Straße nicht anhält. Es hat nie gelernt, auf Sie zu achten, wieso sollte es also in einer Ausnahmesituation damit anfangen? Da diese Situationen leider nicht vorhersehbar sind und immer dann auftreten, wenn man am wenigsten damit rechnet, ist es für Ihre eigene Sicherheit und die Ihres Pferdes zwingend erforderlich, dass Ihr Pferd Ihre Grenzen und Signale respektiert.

Ein gängiges Beispiel ist hierfür das Anhalten. Sie arbeiten mit Ihrem Pferd in der Halle oder auf dem Platz und parieren es durch. Sie haben das Signal zum Anhalten gegeben und Ihr Pferd ist diesem nachgegangen. Hierfür loben Sie es. Nun läuft Ihr Pferd von allein wieder los. Das „Halt"-Signal hat es befolgt. Haben Sie das Signal jedoch wieder aufgelöst oder ein neues Signal zum weiterreiten gesendet? Nein. Ihr Pferd hat selbstständig entschieden, dass jetzt ein geeigneter Zeitpunkt ist, wieder loszulaufen. In einer Reithalle mag dies kein gefährliches Verhalten sein, was jedoch, wenn Sie im Gelände vor einer viel befahrenen Straße halten müssen. Sie halten, um eine geeignete Stelle abzupassen, die Straße zu überqueren, doch Ihr Pferd läuft nach wenigen Sekunden selbstständig wieder los und geradewegs in die Straße hinein. Ist hier die Schuld bei Ihrem Pferd zu suchen? Nein! Es hat schließlich gelernt, nach dem Halten selbstständig loszulaufen.

Hierfür wurde es nie korrigiert, weil Sie es in der Halle als „nicht wichtig genug" empfunden haben. Wieso sollte Ihr Pferd also beginnen, an einer befahrenen Straße auf Ihr Signal zu warten. Solche kleinen, scheinbar unbedeutenden Situationen können im Zweifelsfall einen folgenschweren Unfall auslösen. Aus diesem Grund ist durchgreifende Konsequenz auf keinen Fall zu vernachlässigen. Läuft Ihr Pferd nach dem Halten selbstständig wieder los, so parieren Sie es erneut durch und richten es einige Schritte rückwärts. Bleibt Ihr Pferd nun ruhig stehen, loben Sie es und geben, wenn Sie es für richtig ist, das Signal zum Weiterreiten.

Korrigieren Sie Ihr Pferd direkt nach dem Fehlverhalten. Reagieren Sie erst einige Minuten später, ist die Situation bereits vorbei und Ihr Pferd kann nicht mehr zuordnen, für welches Verhalten Sie es bestrafen. Es wird es als ungerechtfertigt und unfair werten, da es in diesem Moment, in dem Sie es korrigieren, nichts getan hat. Die Korrektur muss deshalb rechtzeitig erfolgen. Rechtzeitig bedeutet in diesem Fall jedoch nicht unmittelbar nach Ihrem Signal. Ihr Pferd muss die Chance bekommen, überhaupt auf Ihr Signal reagieren zu können. Möchten Sie es beispielsweise antraben, so geben Sie in der ersten Aufforderung eine feine vorwärtstreibende Hilfe und ein Stimmsignal.

Nimmt das Pferd dies zwar wahr, reagiert aber nicht wie gewünscht darauf, folgt eine zweite, deutlichere Aufforderung. Reagiert Ihr Pferd auf dieses zweite Signal immer noch nicht, touchieren Sie es mit der Gerte leicht, um ihm ganz deutlich zu zeigen, dass es Ihre Signale nicht nur wahrzunehmen, sondern auch umzusetzen hat. Reagiert Ihr Pferd nun, wenn auch etwas aufgeschreckt, und trabt an, so loben Sie es. Dieses „Zeit geben und wachrütteln" ist notwendig, damit Ihr Pferd lernen kann, dass auf Ignorieren der Signale eine Korrektur Ihrerseits folgt. Nur so bekommt das Pferd die Chance, beim nächsten Mal früher zu reagieren und eine Sensibilisierung kann stattfinden. Ziel ist es, dass Ihr Pferd auf die sehr feinen Hilfen sofort reagiert. Dies ist jedoch nur möglich, wenn Sie Ihr Pferd konsequent korrigieren und Sie ihm den Raum öffnen, seine eigene Leistung zu verbessern.

Das gerade erklärte Prinzip der Sensibilisierung kann jedoch nur stattfinden, wenn die Hilfen aufeinander aufbauend gegeben werden. Gibt man die Hilfe immer wieder in derselben Intensität, schaltet das Pferd im Zweifelsfall einfach auf Durchzug. Das Signal war nicht intensiv genug, um darauf zu reagieren. Folgen weitere Signale in dieser Stärke, sieht das Pferd immer noch keinen Grund, darauf zu reagieren. Erst, wenn die Hilfe linear steigt und deutlicher wird, sieht das Pferd Grund, diesem nachzukommen. Beginnen Sie zwingend immer wieder mit der sanftesten Aufforderung.

So lernt Ihr Pferd, dass es früher oder später reagieren muss.

Irgendwann wird es feststellen, dass es sinnvoller ist, der Aufforderung direkt nachzukommen. Für Arbeiten mit dem Seil wurde im Yo-Yo Game die zu steigernde Hilfe erklärt. Alle anderen Hilfen werden von weniger intensiv zu intensiver angewendet.

Persönlicher Raum

D er persönliche Raum ist ein wichtiger Bestandteil des Natural Horsemanship. Respekt bedeutet auch, den persönlichen Raum des Leittieres zu akzeptieren und nicht ungefragt in diesen einzudringen.

Bittet Ihr Chef Sie in sein Büro, setzen Sie sich auch auf die andere Seite seines Schreibtisches und treten nicht direkt neben ihn. Bittet er Sie darum, weil er Ihnen zum Beispiel etwas Wichtiges an seinem Computer zeigen muss, ist dieses Nahekommen von beiden Seiten gestattet. Treten Sie jedoch ungefragt nahe an ihn heran, wird er dies als unfreundlich und respektlos empfinden und Sie darauf aufmerksam machen. In der nächsten Situation werden Sie wissen, dass Ihr Chef dieses Verhalten nicht duldet und Abstand wahren. Dieses Verhalten kann man auch in einer Herde beobachten.

Möchte der Herdenchef an eine bestimmte Stelle, geht er zielstrebig dorthin. Steht in diesem Moment dort ein anderes Pferd, wird dies weichen. Das Leittier fordert alles in einem bestimmten Radius als seinen persönlichen ein. Dieser wird von jedem Herdenmitglied akzeptiert und bereitgestellt. Steht der Herdenchef an einer Stelle, an die ein ihm unterlegenes Pferd gern möchte, wird dieses warten, bis der Platz frei wird. Traut er sich doch einmal zu nah heran, wird das Leittier ihm deutlich machen, dass dies sein Raum ist.

Lädt er ein Mitglied seiner Herde jedoch exklusive ein, zu ihm zu kommen, ist dies in Ordnung und das Tier hat zu ihm zu kommen. Dasselbe Verhalten möchten Sie mit Ihrem Pferd im täglichen Umgang erreichen. Ihr Pferd hat einen gewissen Abstand zu Ihnen zu halten und zu weichen, möchten Sie an eine gewisse Stelle. Stupst Ihr Pferd Sie ohne ersichtlichen Grund, ist dies ein sehr respektloses und dominierendes Verhalten. Dies sollte sofort korrigiert werden. Die Bodenarbeit beginnt bereits beim Führen des Pferdes. Ihr Pferd sollte am durchhängenden Strick leicht hinter

Ihnen laufen. Läuft es dicht auf, drängt Sie mit seiner Schulter ab oder stupst Sie mit den Nüstern an, ist dies sofort zu korrigieren. Es dringt ohne Erlaubnis oder Aufforderung in Ihren persönlichen Raum. Bleiben Sie stehen und schicken Sie Ihr Pferd deutlich zurück. Bleiben Sie hier bewusst länger stehen, um Ihr Pferd warten zu lassen. Läuft Ihr Pferd von allein wieder los, schicken Sie es erneut zurück.

Wiederholen Sie dies so lange, bis Ihr Pferd vollständig auf Sie achtet. Loben Sie Ihr Pferd, sobald es ruhig steht. Laufen Sie auf Ihr Kommando erneut los. Jedes Mal, wenn Ihr Pferd Ihnen wieder nahekommt, Sie überholen möchte, anstupst oder Ihren persönlichen Raum anderweitig nicht akzeptiert, schicken Sie es deutlich zurück. Nun können Sie auch überprüfen, ob Ihr Pferd dauerhaft auf Sie achtet, indem Sie an frei zu wählenden Stellen Schritt-Halt-Übergänge einbauen. Sie können nach dem Stehenbleiben auch einige Schritte rückwärtsgehen, ohne Ihr Pferd hierfür extra aufzufordern. Es hat Ihnen zu folgen, unabhängig von Ihrer Richtung oder Geschwindigkeit. Achtet Ihr Pferd auf Sie und kommt Ihnen nicht zu nah, dann loben Sie es. Unabhängig vom Führen können Sie das Anstupsen bereits unterbinden, bevor es überhaupt so weit kommt.

Bevor Ihr Pferd Sie rüpelig berührt, wird es Sie mit den Augen fixieren und einen Moment innehalten. Dieses Anstarren können Sie bereits korrigieren, indem Sie sich aufrichten, Präsenz zeigen und gegebenenfalls mit fester Stimmt „Nein" oder „Sch" sagen. Ihr Pferd wird mit dieser Geste wissen, dass Sie es nicht akzeptieren werden, sich von ihm dominieren zu lassen. Diese scheinbar unsichtbare Konversation zwischen Mensch und Pferd verrät jedoch in Wirklichkeit deutlich mehr über die wahre Dominanz und Sensibilität dieser beiden Parteien.

Genau wie Anstupsen ist das Drehen der Hinterhand in Ihre Richtung eine dominante Geste des Pferdes. In der Herde drehen Pferde als Drohung die Hinterhand aufeinander, bevor Sie austreten. Dreht Ihr Pferd sich also immer mit der Hinterhand zu Ihnen oder drängt Sie in der Box weg, ist dieses Verhalten ebenfalls zu korrigieren. Weichen Sie der Hinterhand nicht aus, sondern richten Sie sich auf, erheben Sie Ihre Stimme etwas und fordern Sie Ihr Pferd auf, seine Hinterhand von Ihnen wegzubewegen. Wirkt der psychische Druck nicht, folgt ein physischer, bis das Pferd sich bewegt. Situationen wie diese sind nicht nur unschön, sondern können auch gefährlich werden. Ihr Pferd könnte Sie in einer Ecke einklemmen und Ihnen

Schaden zufügen, da es nicht auf Ihren persönlichen Raum achtet. Pferde zeigen Dominanz oft in viel unscheinbareren Gesten, als wir es vermuten. Darf Ihr Pferd sich beispielsweise an Ihnen schubbern? Viele Pferde reiben Ihren Kopf selbstverständlich an Ihrem Besitzer und nutzen ihn als mobilen Kratzbaum. Auch dies ist eine dominante Geste Ihnen gegenüber. Kein ranghohes Tier würde es in einer Herde akzeptieren, wenn ein rangniedrigeres Tier sich an ihm kratzen würde. Andersherum darf sich der Ranghöhere jedoch erlauben, sich am Rangniedrigeren zu schubbern.

Reibt Ihr Pferd sich ohne Vorwarnung kräftig an Ihnen, so drücken Sie seinen Kopf weg und schicken es einen Schritt rückwärts. Somit machen Sie klar, dass Sie dieses respektlose Verhalten nicht dulden. Danach können Sie Ihrem Pferd beispielsweise das Halfter abnehmen, damit es sich in vollen Zügen an einem Holzbalken oder Ähnlichem schubbern kann. Es spricht auch grundsätzlich nichts dagegen, wenn Sie Ihr Pferd an einer Stelle bewusst kratzen. Gerade im Fellwechsel juckt das Fell oft an Stellen, an die Ihr Pferd schlecht allein kommt. Entdecken Sie beim Putzen oder Streicheln eine solche Stelle oder fragt Ihr Pferd Sie vorsichtig an, ist dies absolut in Ordnung. Zu korrigieren ist nur das ungefragte und oft sehr ruppige Kratzen.

Probleme lösen

Egal, in welcher Situation Sie sich befinden, ob Ihr Pferd mehr Ruhe und Vertrauen braucht oder eher eine klare, konsequente Hand, mit Natural Horsemanship gibt es kein Problem mehr, welches nicht gelöst werden kann. Im folgenden Kapitel möchten wir Ihnen anhand zweier Beispiele aufzeigen, wie man mit den oben beschriebenen Taktiken schnell einen Lösungsweg findet.

Unser Problem dreht sich um ein Pferd, welches nicht durch Wasser geht. Auf Ihren Geländestrecken befinden sich jedoch oft Bachläufe, welche mit wenigen Schritten zu durchqueren wären. Ihr Pferd weigert sich jedoch konsequent, dort hindurchzugehen. Auch größere Pfützen auf dem Reitplatz sind ein Hindernis und werden gern umritten. Das spritzende Wasser an den Beinen versetzt Ihr Pferd sofort in Alarmbereitschaft.

Sie können damit beginnen, Ihrem Pferd mit einem Wasserschlauch die Beine abzuspritzen. Wird Ihr Pferd unruhig und möchte aus der Situation flüchten, schicken Sie es immer wieder auf seine Ausgangsposition zurück. Es hat ruhig stehen zu bleiben, Sie nicht umzurempeln und das Wasser zu akzeptieren. Ignorieren Sie unruhiges Herumgetänzel, beruhigen Sie es mit Ihrer Stimme und loben Sie es, sobald es stehen bleibt und abkaut. Wiederholen Sie diese Übung, bis Ihr Pferd von Beginn an entspannt stehen bleibt. Es muss lernen, Ihnen zu vertrauen und gleichzeitig den Respekt vor Ihnen zu wahren, Ihnen nicht nahezukommen.

Als Nächstes führen oder reiten Sie Ihr Pferd konsequent durch Pfützen hindurch. Auch, wenn es zu Beginn noch einen Schlenker um das Wasser macht, schicken Sie es immer wieder dort hindurch. Sobald es einmal durch die Pfütze läuft, loben Sie Ihr Pferd kräftig. Schicken Sie es direkt im Anschluss noch einmal hindurch, um Gelerntes zu festigen. Driftet Ihr Pferd nun wieder am Wasser vorbei, beginnen Sie die Übung von Neuem. Geht das Pferd nun von Beginn an sicher hindurch, können Sie hier das Yo-Yo Game einbinden. Schicken Sie Ihr Pferd durch die Pfütze immer wieder vor und zurück.

Falls Ihre Wasserstellen im Gelände durch Pflanzen etwas enger als der normale Reitweg sind, können Sie das Squeeze Game durch eine Pfütze hindurch spielen. Das Prinzip bleibt dasselbe, nur dass die Engstelle durch eine Pfütze führt. So lernt Ihr Pferd, Wasser am Boden auch in Kombination mit einengenden Situationen ruhig zu durchqueren. Nun sollte Ihr Pferd schon etwas vertrauter und ruhiger im Umgang mit Wasser sein und bei kleineren Feuchtstellen ruhig und gelassen bleiben.

Als finale Übung suchen Sie sich im Wald eine geeignete Stelle am Bachverlauf aus. Je nachdem, wie gut Ihr Pferd Wasser bereits akzeptiert, können Sie es zuerst führen oder direkt reiten. Reiten Sie selbstbewusst auf die entsprechende Stelle zu und fordern Sie Ihr Pferd so lange auf, das Wasser zu durchqueren, bis es dies tut. Ist Ihr Pferd hektisch oder springt mehr über das Wasser, dann drehen Sie um und reiten erneut hindurch. Dies wiederholen Sie so lange, bis Ihr Pferd entspannt durch den Bachlauf läuft. Unter Umständen beansprucht dieses Training die Länge eines gesamten Ausrittes, doch diese Zeit ist gut investiert. Achten Sie immer darauf, dass Ihr Pferd ruhig bleibt und auch in Stress- oder Paniksituationen auf Sie achtet. Das zweite Beispiel handelt von einem Pferd, welches sich beim Hufe-Geben mit vollem Gewicht auf den Menschen lehnt und seinen Huf immer wieder wegzieht.

Stützt Ihr Pferd sich auf Ihnen ab, ist dies ein ebenfalls sehr unfreundliches Verhalten. Sobald Sie spüren, dass das Pferd beginnt, sich auf Sie zu stützen, machen Sie einfach einen kleinen Schritt zur Seite, halten den Huf aber in derselben Position. Jetzt stürzt sich Ihr Pferd ins Leere und wird dadurch etwas das Gleichgewicht verlieren. Sobald es sich wieder gefangen hat, treten Sie wieder an Ihr Pferd heran. Lehnt Ihr Pferd sich erneut auf Sie, entfernen Sie sich wieder.

Ziel der Übung ist nicht, dass Sie dauerhaft mit Abstand zu Ihrem Pferd stehen, sondern dass Ihr Pferd lernt, dass auch, wenn Sie direkt neben ihm stehen, Sie keine Ablagefläche darstellen. Deshalb ist es wichtig, dass Sie immer wieder an Ihr Pferd treten. Sonst lernt es, dass Sie auf seinen physischen Druck weichen. Viele Besitzer lassen den Huf los, sobald ihr Pferd diesen wegzieht. Halten Sie den Huf jedoch einfach fest, egal, wie sehr Ihr Pferd protestiert. Vermutlich wird Ihr Pferd irgendwann durch seine Kraft trotzdem gewinnen.

Um dem entgegenzuwirken, greifen Sie mit der inneren Hand das Fesselgelenk und mit der äußeren Hand die Zehe. Ziehen Sie die Zehe zu sich nach oben, vor allem, wenn das Pferd den Huf gerade absetzten möchte. Wenn die Zehe des Hufs nach oben zeigt, ist das Pferd aus anatomischen Gründen nicht in der lange, seine volle Kraft zu entwickeln. Es fehlt ein Großteil der Spannung im Bein, welche nötig ist, um den Huf nach vorn ziehen.

Beginnt Ihr Pferd nach einer Weile, unruhig zu werden, herumzutänzeln oder sogar leicht zu steigen, halten Sie den Huf trotz allem oben. Wenn Ihr Pferd mit allen Mitteln nicht erreicht, was es möchte, so wird es irgendwann aufgeben. Tragen Sie zu Ihrer eigenen Sicherheit Stahlklappenschuhe und Handschuhe. Setzen Sie den Huf erst dann ab, wenn Ihr Pferd ruhig steht und keine Anstalten mehr macht, den Huf zu entziehen. So lernt es, dass es seinen Huf nicht einfach wieder aufsetzen kann, egal, welchen Zirkus es veranstaltet. Sie bestimmen, wann der Huf den Boden verlässt und wann das Pferd diesen wieder aufsetzen darf.

Zu guter Letzt

Abschließend gilt Folgendes zu sagen: Natural Horsemanship bedeutet, dem Pferd in seiner Sprache gegenüberzutreten, sich seinen Respekt hart zu erarbeiten und dafür mit dem Vertrauen des Pferdes belohnt zu werden. Mit diesen Werkzeugen – Vertrauen, Konsequenz und Respekt – bilden Sie gemeinsam mit Ihrem Pferd eine eigene kleine Herde, eine Einheit.

Jedes Problem und jede Situation lassen sich hierdurch lösen. Je nach Pferd und Situation müssen Sie abwägen, welches dieser Werkzeuge Ihr Pferd gerade am meisten benötigt und entsprechend anwenden. Nehmen Sie sich immer genug Zeit und Geduld für Ihr

Training und verlieren Sie vor allem niemals Ihren Spaß und Ihre Leidenschaft für diese verzaubernden Tiere.

Herstellung und Verlag:
BoD – Books on Demand, Norderstedt
ISBN: 9783754323670

Kontakt: Psiana eCom UG/ Berumer Str. 44/ 26844 Jemgum
Covergestaltung: Fenna Larsson
Coverfoto: depositphotos.com